최은희

최은희

김혜연 글　한지선 그림

1910년 황해도 배천의 한 보통학교(일제 강점기에 초등학교를 부르던 말)에서 운동회가 열렸어요.
　아이들은 달걀 옮기기 경주에 한창이었어요. 한 팔을 뒤로 젖힌 채 다른 한 손으로 땅에 놓인 달걀을 놋숟가락에 담아 오는 경기였지요.

아이들은 달걀이 떨어져 깨질세라 잘 걷지 못했어요. 움직일 때마다 달걀이 숟가락 위에서 자꾸 흔들렸거든요.

은희는 동무들을 보며 발을 동동 굴렀어요.

"어휴, 답답해! 달걀만 들고 오니까 그렇지."

드디어 은희 차례가 되었어요.

은희는 나이가 가장 어린 데다 몸집도 작아서 썩 잘 달리지 못했어요. 그런데 달걀이 있는 곳까지 꼴찌로 달리던 은희가 달걀을 숟가락에 올려 돌아올 때는 일등이었어요.

은희는 다른 아이들과 달리 경중경중 뛰어서 돌아왔어요. 달걀을 뜰 때 모래까지 듬뿍 떠서 달걀이 숟가락 위에서 움직이지 않았던 거예요.

"은희야, 너는 나이는 어리지만 참 지혜롭구나."

선생님과 동무들이 감탄하며 말했어요.

최은희는 1904년 황해도 연백군 배천에서 태어났어요. 열 남매 중 다섯째 딸로 태어난 은희는 어릴 적부터 총명하고 남에게 뒤지기 싫어해 모든 일에 열심이었어요. 아버지는 그런 은희를 유달리 사랑했지요.

　큰 부자였던 은희의 아버지는 재산을 좋은 일에 많이 썼어요. 가난한 농부들에게 공짜로 땅을 나눠 주고 소작료(땅을 빌려 농사를 짓는 사람들이 땅 주인에게 내는 돈)를 깎아 주었어요. 노비들도 자유롭게 풀어 주었어요.
　또 우리나라가 힘을 키우기 위해서는 아이들이 배우고 익혀야 한다고 생각해서 학교도 세웠어요. 은희의 아버지는 남자와 여자가 모두 평등하고 귀하다고 여겼어요. 생각이 깨인 아버지 덕분에 은희는 남자아이들처럼 학교에 다니며 공부를 할 수 있었지요.

은희가 보통학교에 들어가던 1910년, 우리나라는 일본에 나라를 빼앗겼어요.
은희네 마을에도 일본인들이 들어와 관가에 자리를 잡고 이 집 저 집 함부로 드나들었어요.
"소도 잡아 오고, 돼지도 잡아 와라!"
일본인들은 마을 사람들의 곡식과 재산을 빼앗으며 사람들을 못살게 굴었어요.

　그뿐만이 아니었어요. 일본인들은 여자들만 지내는 방에 함부로 들어오거나, 앞이 펄렁펄렁 벌어져 넓적다리가 다 드러나는 옷을 입고 길거리를 쏘다니기도 했어요.
　"어머니, 무서워요."
　은희는 밖에 나가기가 무서워서 날마다 행랑어멈에게 업혀서 학교에 다녔어요.
　"일본인들은 정말 싫어. 나쁜 놈들."
　은희의 가슴에는 일본과 일본인들을 미워하는 마음이 조금씩 싹트기 시작했어요.

은희는 보통학교를 일 등으로 졸업하고 해주에 있는 의정 여학교에 장학생으로 들어갔어요.

의정 여학교에서 은희는 일본이 어떻게 우리나라를 빼앗고 우리나라 사람들을 못살게 구는지 자세히 알게 되었어요.

선생님들은 칠판에 일본 역사를 적고, 책상에는 일본 책을 펴 놓게 하고는 우리나라의 역사를 가르쳐 주었어요. 일본인 순사들이 우리나라 역사를 가르치지 못하도록 교실을 돌아다니며 감시했지만, 선생님들과 학생들을 막을 수는 없었어요. 유달리 나라를 사랑하는 마음이 큰 선생님들 아래에서 은희는 애국심을 키워 갔어요.

은희는 의정 여학교를 일 등으로 졸업하고 일본의 수도인 도쿄로 유학을 가게 되었어요.
　그때 선생님이 은희를 불렀어요.
　"은희야, 도쿄로 유학을 가기 전에 경성(지금의 서울)에서 일본어 공부를 더 하는 것이 어떻겠니? 경성 여자 고등 보통학교(지금의 경기 여고)에서는 일본어로 수업을 하니 일본어를 익히기에 좋을 거야."
　선생님 말씀대로 은희는 경성 여자 고등 보통학교 이 학년에 들어갔어요.

하루는 한 선생님이 장래 희망에 대해 써 오라는 숙제를 내 주었어요.
"나는 현모양처가 되겠어요."
"나는 선생님이 되고 싶습니다."
아이들이 저마다의 꿈을 말했어요. 하지만 은희는 다른 아이들과 달리 좀 엉뚱한 글을 써냈어요.

선생님이 은희에게 말했어요.
"최은희는 일어나서 동무들에게 글을 읽어 주렴."
은희는 먼저 우리나라의 멋진 동요를 하나 읊었어요.

달아 달아 밝은 달아
이태백이 놀던 달아
저기 저기 저 달 속에
계수나무 박혔으니
은도끼로 찍어 내고
금도끼로 다듬어서
초가삼간 집을 짓고
양친 부모 모셔다가
천년 만년 살고 지고
천년 만년 살고 지고.

그러고는 자신이 쓴 글을 또박또박 읽었어요.

"이 노래는 삼척동자도 다 아는 우리 조선의 멋진 동요입니다. 나는 선진 국가로 유학을 다녀와 위대한 과학자가 되어 이 노랫말처럼 세계 인류 중 제일 먼저 달나라를 여행하고 화성에도 가고 싶습니다. 나는 이 희망을 꼭 달성할 수 있도록 노력할 것입니다."

은희가 글을 다 읽자 우레와 같은 박수가 터졌어요.

잠시 후 선생님이 말했어요.

"은희의 이야기가 터무니없는 소설같이 들릴 수도 있다. 하지만 젊은이에게는 꿈이 있고 낭만이 있어야 된단다."

경성 여자 고등 보통학교에는 독립운동을 하는 비밀 모임이 있었어요. 은희도 이 모임에 들어갔어요. 은희와 동무들은 일요일 오후마다 모여 우리나라의 독립을 위해 어떤 일을 해야 할지 의견을 나누었어요.

1919년 1월 21일, 고종 황제가 갑작스럽게 세상을 떠났어요. 사람들 사이에는 일본인들이 고종 황제에게 독을 먹여 죽였다는 소문이 돌았어요. 온 국민이 덕수궁 대한문 앞에 모여 큰 소리로 울며 슬퍼했어요.

"아이고, 아이고."

 은희와 비밀 모임 동무들은 용기를 내어 학교에 부탁했어요.
 "우리 학생들도 덕수궁에 나가 곡(제사나 장례 때 일정한 소리로 우는 것)을 하게 해 주세요."
 하지만 학교에서는 학생들이 덕수궁에 나가는 것도, 곡하는 것도 허락하지 않았어요.
 "다 나갈 필요는 없다. 각 반의 대표 한 사람씩만 나가면 충분해."

그러자 은희는 점심시간에 학생들을 모두 강당으로 불러 모았어요.

"비록 덕수궁에 나가지는 못하지만 여기서 덕수궁을 향해 곡을 하자."

은희의 말에 학생들은 모두 덕수궁을 향해 큰 소리로 울었어요. 그러고는 수업이 끝난 뒤에 곡을 하러 덕수궁으로 나가겠다고 다시 한번 학교에 이야기했지요.

결국 학생들의 뜻이 받아들여져 모두 덕수궁으로 나가 곡을 하게 되었어요.

고종 황제의 죽음은 우리나라 사람들을 하나로 뭉치게 해 주었어요. 사람들의 마음속에는 빼앗긴 나라를 다시 찾고자 하는 마음이 뜨겁게 불타올랐어요.

그리고 마침내 1919년 3월 1일, 삼일 만세 운동이 일어났어요.

삼일 만세 운동이 일어나기 하루 전, 경성 여자 고등 보통학교의 비밀 모임을 이끌던 박희도 선생님이 은희를 넌지시 불렀어요. 박희도 선생님은 독립 선언서에 서명을 하고 삼일 만세 운동을 준비한 민족 대표 가운데 한 분이었어요.

선생님은 은희에게 선언서 한 장을 주며 말했어요.

"은희야, 내일 오전에 전체 학생을 이끌고 탑골 공원으로 나오너라."

은희는 기숙사로 돌아와 동무들과 함께 선언서를 읽었어요.

"우리는 조선이 독립된 나라이며 조선 사람이 이 나라의 주인임을 선언합니다……."

은희와 동무들은 서로 손을 붙잡고 감격에 겨워 어쩔 줄 몰라 했어요.

"내일을 위해 빈틈없이 준비해야 해. 튼튼한 신을 갖추고 붕대와 거즈와 약솜도 챙기자. 총알이 빗발처럼 퍼부을지도 몰라."

은희와 동무들은 속치마 깊숙한 곳에 있는 호주머니에 준비한 것들을 넣으면서 말했어요.

"우리, 나라를 위해 목숨을 바치자."

그런데 3월 1일 아침, 일본인 교장이 날벼락 같은 소리를 했어요.

"새벽에 운동장에 수상한 종이 뭉치가 떨어졌다. 오늘은 아무도 교문 밖으로 나갈 수 없다!"

만세 운동이 일어날 거란 눈치를 챈 학교에서는 교문을 잠그고 학생들을 내보내 주지 않았어요.

은희와 비밀 모임 동무들, 삼백여 명의 학생들은 함께 머리를 맞댔어요.

"어떻게 해야 밖으로 나갈 수 있을까?"

"교문을 부수자!"

누군가 외치자 학생들은 저마다 땔감을 패는 도끼며 식당에 있는 식칼, 돌멩이 들을 닥치는 대로 집어 들고 와 교문을 쾅쾅 부수기 시작했어요. 여럿이 힘을 합해 두드리자 마침내 교문이 부서졌어요.

은희와 동무들은 탑골 공원으로 달려가 두 손을 높이 들고 만세를 외쳤어요.

"대한 독립 만세!"

목이 터져라 만세를 외치는 은희의 두 뺨에 뜨거운 눈물이 흘렀어요.

온종일 만세를 부르며 거리를 누비던 은희는 일본 경찰에 붙잡혀 유치장에 갇혔어요. 유치장에는 은희 말고도 만세 운동을 하다 붙잡혀 온 사람들이 많았어요.

"얘기들 하지 마!"

유치장을 지키던 조선인 순사가 나무라는 척하면서 슬쩍 빵과 떡, 삶은 계란 따위를 넣어 주었어요.

은희는 그것들을 몰래 치마 속에 감추면서 눈물이 핑 돌았어요. 같은 민족에 대한 사랑을 느낄 수 있었지요.

얼마 후, 은희는 취조실로 불려 갔어요. 채찍을 손에 든 일본 순사가 은희를 마룻바닥에 주저앉히더니 매섭게 물었어요.

"누가 너더러 만세를 부르라 하더냐? 만세만 부르면 독립이 된다더냐? 누가 꼬드겼기에 나간 거냐?"

"누가 시킨 것이 아니라 우리나라가 독립하기를 소원해서 나간 것이오. 남의 노예가 되고 싶지 않아 나간 것이란 말이오! 우리나라가 일본의 지배를 받는 것이 억울할 뿐이오."

은희는 가슴을 펴고 당당하게 말했어요.

　은희는 이십사 일 동안 유치장에 갇혀 제대로 먹지도 씻지도 못한 채 지내다 간신히 풀려났어요. 하지만 독립운동에 대한 의지는 조금도 사그라지지 않았어요. 은희는 그 뒤에도 독립운동을 하다가 열 번이나 일본 순사에게 잡혀가거나 유치장 신세를 졌지요.

삼일 만세 운동 이후 학교는 잠시 문을 닫았어요. 학생들이 모여서 독립운동을 하지 못하게 하려는 속셈이었지요.

은희는 학교를 그만두고 고향으로 내려갔어요. 그리고 고향 배천에서 가족들과 함께 만세 운동을 이끌었어요.

아버지는 일본 경찰에 잡혀 재판을 받으러 가는 은희를 만나러 와서 자랑스럽다는 듯 무릎을 치며 말했어요.

"내 딸이 그러면 그렇지. 여자도 공부를 한 덕이야."

그리고 얼마 뒤 아버지가 세상을 떠나셨어요. 아버지는 눈을 감는 순간까지 나라를 빼앗긴 우리 민족의 처지를 안타까워하고 은희의 앞날을 걱정했어요.

은희의 아버지는 우리나라가 발전할 수 있도록 선진 문물을 받아들이고 새로운 것을 익히는 데 앞장선 훌륭한 교육자였어요. 아버지는 늘 은희에게 당부했어요.

　"은희야, 잃어버린 나라를 되찾는 데 남자 여자가 어디 있느냐. 훗날 네가 어른이 되거든 여자는 아무것도 할 수 없다는 우리 사회의 잘못된 생각을 고치는 데 앞장서도록 해라."

최은희는 아버지의 말씀을 따라 일본 도쿄로 유학을 떠났어요. 니혼 여자 대학교에 들어간 최은희는 어떤 공부를 할지 고민이 되었어요.

　'우리나라 어린이들이 나라를 빼앗긴 줄도 모르고 자기가 일본 사람인 줄 알고 자란다면 독립은 점점 멀어질 거야. 교육자가 되어 어린이들의 정신을 바로잡고 독립심을 길러 줘야겠어. 독립된 새 나라를 이끌어 나갈 인물을 키워야 해.'
　최은희는 아동 보육(아동 교육)을 공부하기로 했어요. 그리고 공부뿐 아니라 독립운동도 열심히 했지요.
　당시 일본에 유학을 간 우리나라 대학생들은 해마다 3월 1일이면 공원에 모여 독립 만세를 외쳤어요. 최은희도 빠지지 않고 참석해 만세를 부르고는 유치장에 끌려가곤 했지요.

　최은희는 일본 학생들에게 뒤처지기 싫어 기를 쓰고 공부했어요. 겨울에는 차가운 방에서 요와 이불을 두세 채씩 포개서 깔고 그 속에 쏙 들어가 공부했어요. 책을 너무 많이 봐서 눈병이 나기도 했지요. 고향이 그립고 김치가 먹고 싶어서 운 적도 있었어요.

하지만 최은희는 하고자 하는 일을 절대 포기하는 법이 없었어요.

당시에는 여자는 물론 남자들조차 학교에 다니는 것이 쉽지 않았어요. 그런 때에 은희가 최고의 교육을 받을 수 있었던 것은 무엇보다 공부에 대한 열정이 남달랐기 때문이었어요. 최은희는 외로움과 그리움을 꾹 참고 끈질기게 공부했어요.

여름 방학을 맞아 고향에 돌아온 최은희는 잘 알고 지내던 산부인과 의사인 허영숙의 집에 놀러 갔어요. 허영숙은 소설가 춘원 이광수의 부인이었어요.

"세상에 정말 뻔뻔하고 괘씸한 인간이 다 있더라."

허영숙은 최은희를 보자마자 흥분해서 말했어요.

"몇 달 전에 대단한 부자라는 사람의 부인이 아기를 낳게 되어 밤중에 왕진을 가지 않았겠니. 새벽녘에 아기가 태어나서 그 뒤 닷새 동안 간호를 하러 그 집에 다녔어. 그리고 치료비로 팔십오 원 십 전을 달랬더니 그 부자가 뭐랬는지 알아? '뭐가 그리 비싸냐, 다는 못 내겠다.'면서 몇 달째 질질 끌면서 돈을 주지 않는 거야."

최은희도 울컥해서 말했어요.

"어쩜 그렇게 양심이 없는 사람이 다 있어? 언니, 걱정하지 마. 내가 대신 받아 올게."

다음 날 최은희는 그 부잣집으로 갔어요.

"나리는 집에 안 계십니다."

하인이 말했으나 최은희는 물러나지 않고 집 안으로 들어갔어요.

"그럼 오실 때까지 기다리겠습니다. 마루에 돗자리나 펴 주십시오."

최은희는 그 집 마루에 앉아 책도 읽고, 점심도 시켜 먹으면서 종일 주인을 기다렸어요.

오후가 되자 주인이 늑장을 부리며 나타났어요.

"줄 만한 돈이면 벌써 보냈지. 의사라고 그렇게 터무니없이 돈을 많이 내라니, 말도 안 돼."

"정해진 대로 청구한 것입니다. 의료 규정을 알아보시고 옳지 않거든 고소하십시오."

최은희가 맞받아치자, 주인이 애가 탄 듯 말했어요.

"그럼 우리 흥정을 합시다. 오십 원만 받으시오."

"그럴 수 없습니다. 가난한 사람에게는 돈을 받지 않기도 하지만 이 댁은 그럴 필요가 없지 않습니까? 내가 종일 이 집에서 기다리며 치마에 묻힌 먼지는 털고 갈망정 한 푼도 깎아 줄 수 없습니다."

최은희의 배짱에 결국 부자는 돈을 주었어요.

그 일이 있고 얼마 뒤 최은희는 허영숙으로부터 편지 한 통을 받았어요.

"《조선일보》에서 여성 기자를 구하는데 이광수 선생이 너를 추천했단다. 아직 도쿄로 돌아가지 말렴."

그 무렵 《조선일보》는 신문사에 새로운 기운을 불어넣기 위해 여성 기자를 뽑고 있었어요. 이광수는 허영숙에게 최은희의 이야기를 전해 듣고는 《조선일보》에 기자로 추천했어요. 《조선일보》 편집국장도 최은희의 배짱과 재간에 감탄해서 고개를 끄덕였어요.

"그런 배짱이 있는 여자라면 훌륭하게 기자 노릇을 할 수 있겠군."

최은희는 어리둥절할 뿐이었어요. 당시만 해도 여자들은 바깥에 나갈 때 쓰개치마(여자들이 바깥나들이를 할 때 머리와 몸 윗부분을 가리기 위해 쓰던 치마)를 쓰고, 남자와 마주치면 길을 비켜 주어야 했어요. 자유라고는 전혀 없었고, 여자가 사회에서 한몫을 한다는 것은 상상조차 못할 때였지요.

최은희는 고민에 빠졌어요. 기자처럼 거칠고 험한 일은 남자들에게나 어울린다고 생각했기 때문이에요. 최은희는 처음이라는 것에 기쁘기보다 두려운 마음이 컸어요. 공부를 마치지 못한 점, 신문 기자에 대해 잘 알지 못하는 점도 걸림돌이 되었지요.

이광수와 허영숙은 최은희를 응원했어요.

"기회는 나는 새와 같다 했어. 졸업을 기다릴 것 없이 기자로 이름을 날려 보아라."

마침내 최은희는 기자가 되기로 마음을 굳혔어요.

이광수는 최은희에게 항상 가을 시냇물처럼 맑고 깨끗하게 살라는 의미에서 '추계'라는 호(본명 외에 편하게 부르는 이름)를 지어 주었어요.

1924년 10월, 최은희는 《조선일보》의 기자가 되었어요. 우리나라 민간 신문 최초의 여성 기자였지요.
　최은희가 처음 쓴 기사는 「부인 견학단 수행기」였어요. 당시 《조선일보》에서는 여자들을 대상으로 견학단을 모집하여 사회 곳곳을 구경시키며 우리가 먹고 입고 쓰는 것이 어떻게 만들어지는지, 또 이 세상이 어떻게 변하고 있는지 일깨워 주었어요.

최은희는 이 견학단을 따라다니며 보고 듣고 느낀 점을 글로 썼어요. 여자들이 알아야 할 상식뿐 아니라, 여성의 사회적 지위와 권리를 높이기 위한 내용도 기사에 넣었지요.
　「부인 견학단 수행기」는 이십 회가 넘게 《조선일보》에 실렸고 최은희는 기자로서의 능력을 마음껏 펼쳐 보였어요.

최은희는 '우리나라에서 가장 고통스럽게 사는 사람은 가난한 여자들일 거야.'라고 생각했어요. 그래서 권번(기생 학교)에 몰래 들어가 기생들의 힘겨운 처지를 낱낱이 파헤쳤어요. 남루한 옷을 입고 아기 업은 행랑어멈으로 변장하기도 했어요. 제대로 된 대우를 받지 못한 채 살아가는 가난한 사람들의 설움을 직접 체험해 보고 기사를 쓴 거예요.

최은희는 언제나 발로 뛰고 몸으로 부딪쳐 생생한 기사를 썼어요. 우리나라 여성을 대표한다는 사명감을 가지고 늘 최선을 다했지요.

《조선일보》는 회사의 이미지를 좋게 하고 신문을 많이 팔기 위해 여성 기자를 뽑았지만, 최은희는 단순히 신문사의 꽃으로 남지 않았어요.

여자들이 누려야 할 자유와 권리에 대한 관심을 불러일으키고, 여자들의 관심과 생각을 적극적으로 신문에 썼지요. 또 남성 기자들도 꺼리는 홍수 피해 현장, 아편굴, 빈민굴과 같이 사회의 그늘진 곳도 마다하지 않고 취재해서 세상에 알렸어요.

1926년 6월, 우리나라 마지막 왕인 순종의 장례식 며칠 전, 최은희는 동료들과 영화를 보고 밤늦게 길을 가고 있었어요. 그때 종로 경찰서 앞에 자동차 한 대가 서더니 낯익은 사람이 내렸어요.

　"어, 저 사람은 미와 경부잖아? 이 밤중에 웬일이지?"

　미와 경부는 독립군 잡는 귀신으로 잘 알려진 악랄한 일본인이었어요.

최은희는 불안한 마음이 들어 경찰서 근처에 숨어 지켜보았어요. 잠시 뒤 미와 경부가 경찰서에서 나와 차를 타고 어디론가 떠났어요. 부웅, 하는 자동차 소리를 듣는 순간 최은희의 머릿속에 번쩍 떠오르는 게 있었어요. 최은희는 몰래 경찰서 안으로 들어갔어요.

 경찰서 안에는 《개벽》이라는 잡지를 만드는 김기전과 차상찬, 방정환이 잡혀 와 있었어요. 최은희는 무슨 일이 일어났는지 금세 눈치챘어요.

최은희는 부랴부랴 경찰서를 나와 편집국장에게 연락하고 감쪽같이 취재를 했어요. 그러고는 인력거를 타고 신문사로 달려가 바로 기사를 만들어 호외(특별한 일이 있을 때 임시로 만들어 뿌리는 신문이나 잡지)를 뿌렸어요.

최은희가 특종을 잡은 이 사건은 독립운동가들이 만세 운동을 하려다 일본군에게 발각되어 체포된 '6월 사건'이었어요.

이 일로 최은희는 윗사람들에게 칭찬을 들었어요.

"최은희는 '신문계의 패왕(어떤 분야에서 으뜸이 되는 사람)'이야."

보통 여성 기자는 다른 남성 기자들처럼 담당하는 곳이 정해져 있지 않았어요. 모든 곳을 무대로 여성들에게 일어나는 일을 취재해서 재미있는 기사를 많이 썼기 때문에 깜짝 놀랄 만한 특종을 잡는 일은 거의 생기지 않았지요. 하지만 최은희는 눈치와 용기로 남성 기자들도 잡기 힘든 특종을 잡았어요.

'최초의 민간 신문 여성 기자' 말고도 최은희의 이름 앞에 '최초'라는 말이 붙은 일이 몇 개 더 있어요.

최은희는 우리나라 사람 최초로 전파에 목소리를 실은 사람이었어요. 1924년 12월에 《조선일보》가 주최한 무선 전화 시험 공개 방송에서 아나운서 역할을 했지요.

또 1927년 12월에는 여성 기자로는 최초로 서울 하늘을 나는 특별한 경험을 했어요. 비행사 신용인이 고국 방문 비행을 할 때 신문 기자를 태우기로 했는데, 그때 같이 지원한 남성 기자들을 제치고 최은희가 뽑힌 거예요.

가족과 친구들은 이러쿵저러쿵 한마디씩 했어요.

"서울 하늘을 날다니, 대단해. 축하한다."

"얘. 그렇게 위험한 일을 기어이 해야 하니?"

그중에는 "조의금 미리 낼게." 하며 일 원짜리 지폐를 쥐어 주는 짓궂은 동료도 있었어요.

최은희도 머릿속이 복잡했어요.

'자유롭게 하늘을 날다니, 얼마나 신날까? 그런데 비행기가 갑자기 땅에 떨어지면 어떡하지?'

마침내 최은희는 마음을 다잡고 비행기에 올랐어요.

"이미 한번 정한 일을 괜한 걱정으로 그만두는 것은 우스운 일이야. 절대 그럴 수 없지."

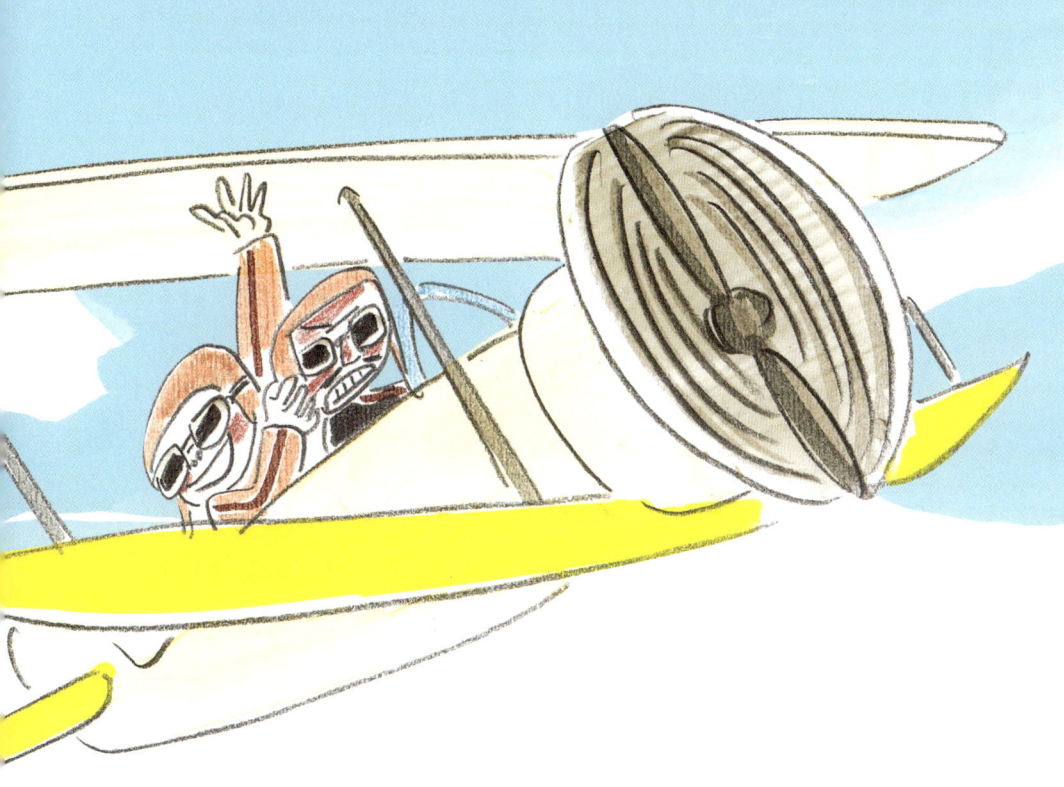

　잠시 후, 하늘에서 내려다본 서울은 아주 작았어요. 얽히고설킨 기찻길이 거미줄처럼 가늘게 보이고 한강 철교가 성냥개비로 만든 장난감 같았어요. 미래에 달나라를 여행하고 싶다던 꿈이 반쯤은 이루어진 것 같았지요.
　최은희는 비행을 하고 나서 이렇게 기사를 썼어요.
　"십오 분간의 짧은 비행이었지만 인간이 사는 세상을 한 번에 본 느낌이었다."

1927년에 최은희는 여자들의 독립운동 단체인 근우회를 만들었어요. 독립운동을 하는 단체는 신간회를 비롯해 이미 여러 개가 있었어요. 하지만 당시에는 남자와 여자가 함께 어울려서는 안 된다고 생각하는 사람이 많았어요. 여자들은 독립운동을 하고 싶어도 남자들과 같이하는 것을 꺼려 선뜻 나서지 못했지요.

"여자들만의 문제를 해결하고, 여자들이 세상에 눈 뜰 수 있도록 여러 가지를 알려 주는 모임이 필요해."

"해방이 되면 여자들도 스스로 독립해야 해."

"우리가 한뜻으로 뭉치면 독립을 앞당길 수 있어."

최은희는 같은 뜻을 품은 사람들과 함께 독립운동은 물론 여성의 생각을 깨우치고 여성의 지위를 높이기 위한 활동을 펼쳐 나갔어요.

스물일곱 살 때 최은희는 법원에서 일하는 이석영과 결혼했어요. 스무 살쯤에 결혼하는 다른 여자들에 비하면 늦은 결혼이었지요.
　이 무렵 일본은 제2차 세계 대전을 준비하고 있었어요. 일본은 전쟁을 위해 우리나라 남자들을 군인이나 일꾼으로 끌고 가고, 여자들은 일본군 '위안부'로 보냈어요. 사는 것이 점점 힘들어지자 독립운동을 하던 사람마저 일본을 찬양하게 되었어요.《조선일보》도 마찬가지였지요.

기자로 활동하는 팔 년간 최은희는 학예부, 사회부, 정치부를 거쳐 학예부장까지 지냈지만, 《조선일보》가 일본 편을 들자 그만 몸도 마음도 지쳐 버렸어요.

아이를 낳고도 계속 기자로 일하던 최은희는 결국 일을 그만두기로 결심했어요.

1945년 마침내 우리나라는 해방을 맞았어요. 하지만 독립이 되었다고 모든 게 좋아진 것은 아니었어요.

"해방이 되었지만 우리나라 사람들은 여전히 남자만 귀하게 여겨. 여자도 똑같이 귀하고 남자만큼 많은 일을 할 수 있는데도 말이야. 이제부터 여자를 위한 일을 해 나가야겠어."

최은희는 우리 사회에 남아 있는 잘못된 부분을 바로잡기 위해 '여학교 교장은 여자로' 운동을 펼쳤어요. 여자들이 정부 여러 부서에 나갈 수 있도록 돕기도 했어요. 또 가난한 여자들과 어린이들에게 무료로 진찰을 해 주고 결핵을 앓는 어린이들이 치료받을 수 있는 곳을 세우기 위해 애썼어요. 어머니날을 만들어 고달픈 어머니들을 위로하기도 했어요.

어느덧 환갑을 넘긴 최은희는 일제 강점기에 여자들이 어떻게 살아왔는지 기록하고 여성 독립운동가들의 이야기를 모아 책으로 엮었어요. 자손들과 사회를 위해 수십 년 동안 우리나라에서 일어난 일, 보고 듣고 겪은 일을 남기고 싶었지요.
　최은희는 만 명이 넘는 사람들의 기록을 일일이 살피고 여러 사람들을 찾아다니며 이야기를 들은 뒤 『한국 근대 여성사』라는 책을 썼어요. 또 자신의 이야기인 『여성전진 70년』이라는 책도 썼지요.

1983년 최은희는 전 재산 오천만 원을 《조선일보》에 맡겼어요.

"이 돈으로 '최은희 여기자상'을 만들어 주십시오. 여성 기자들이 내 뒤를 이어 사회를 위해 일해 주었으면 좋겠어요. 십 년 전부터 생각했던 일입니다."

최은희는 이 상을 통해 한국 민간 신문 최초의 여성 기자로 살아온 자신의 삶을 돌아보고 후배 여성 기자들에게 하고 싶은 이야기를 전하려 했어요.

최은희 여기자상은 해마다 뛰어난 활동을 한 여성 기자에게 주어졌어요. 지금도 우리나라 여성 기자들에게는 가장 명예로운 상이지요.

　이듬해 최은희는 세상을 떠났어요.
　최은희가 기자로 일한 팔 년은 인생의 십 분의 일밖에 되지 않는, 그리 긴 시간은 아니었어요. 하지만 최은희는 우리나라가 새롭게 변해 가는 시기에 글로써 수많은 여성의 생각을 일깨웠어요. 새로운 학문을 다른 사람들과 나누고, 소외된 이웃을 돌아보며 우리 사회가 더 나은 사회로 나아가는 데 앞장선 뛰어난 기자였지요. 이뿐만 아니라 독립운동가이자 여성 운동가, 역사가이자 많은 책을 쓴 문필가로 사회에 이바지한 진정한 지식인이었어요.

♣ 사진으로 보는 최은희 이야기 ♣

펜으로 시대를 전한 최은희

  최은희는 열심히 기자 생활을 함으로써 여자들의 지위를 높이는 데 도움을 주었어요. 여자들이 사회에 나가 일을 할 수 있도록 길을 닦는 역할도 했지요. 최은희가 쓴 기사에는 그러한 노력이 잘 드러나 있어요.
  1924년 11월에는 '가정부인란'에 '첫길에 앞장선 이들'이라는 제목으로 연재 기사를 쓰기도 했어요. 그 기사에는 사회에 나가 직업을 가지고 일하는 신여성들을 소개했지요.

최은희가 행랑어멈으로 변장하여 취재했던 일을 실은 기사예요.

최은희는 1927년 비행기를 타고 서울 하늘을 돌아본 후 그 경험을 연재 기사로 썼어요. 기사에는 비행기의 구조와 비행기에서 바라본 서울의 모습을 실감 나게 담았어요.

최은희의 특기는 변장 탐방이었어요. 얼마나 감쪽같이 변장을 했는지, 《조선일보》가 "부인 기자(당시 여성 기자를 이르던 말)가 신출귀몰한 변장으로 대담히 출동키로 했습니다."라며 최은희의 변장 탐방을 소개하기도 했어요. 최은희가 취재를 마칠 때쯤엔 최은희가 어떻게 변장했는지 보려고 온 사람들로 《조선일보》 앞이 북적였다고 해요. 한번은 최은희가 아이를 업은 행랑어멈으로 변장하여 종로 부근을 취재했는데, 아무한테도 들키지 않았어요. 사람들은 신문사로 돌아온 최은희의 모습을 보고 그만 "저렇게 차려입었을 줄이야……." 하고 놀랐지요.

또 최은희는 순종의 장례식을 앞두고 일본 경찰이 방정환 등 독립운동을 하던 사람들을 붙잡아 가둔 것을 발견해 특종을 쓰기도 했어요. 기사에는 "밤중까지 무릇 10여 회에 전부 약 100명의 혐의자를 검거" 같은 내용이 들어 있었어요. 최은희는 이 특종 기사로 상금과 함께 '신문계의 패왕'이라는 별명도 얻었어요.

　자신감 있고 당당한 성격의 최은희는 남성 기자들이 꺼리는 취재에도 발 벗고 나섰어요. 기생들과 거지, 아편 중독자 등 사회에서 소외된 사람들을 직접 찾아가 취재했지요.

　최은희는 무슨 일이든 적극적으로 도전했어요. 덕분에 우리나라 최초로 전파에 목소리를 실은 여성이 되었고, 최초로 서울 하늘을 난 여성 기자가 되었지요. 그래서 최은희는 '말괄량이', '수염 난 여자'라고 불리기도 했어요.

　또 최은희는 여성 운동가이자 독립운동가이기도 했어요. 최은희는 학생 시절 독립운동을 하다 유치장에 갇히기도 하고, 여성들을 위한 단체인 '근우회'를 만들어 여성에 대한 차별을 없애기 위해 노력하는 등 언제나 앞장서서 사람들을 이끈 리더였지요.

춘원 이광수와 춘계 허영숙

　최은희가 《조선일보》에 들어갈 수 있도록 추천한 춘원 이광수는 유명한 소설가예요. '춘원'은 이광수의 호로, 봄의 정원이라는 뜻이지요. 이광수는 《소년》이라는 잡지에 단편 소설을 발표하면서 소설가가 되었어요.

　『무정』은 이광수의 소설 중 가장 유명한 작품이에요. 우리

이광수의 모습이에요. 이광수는 최초의 근대 장편 소설을 쓴 소설가로 유명했어요.

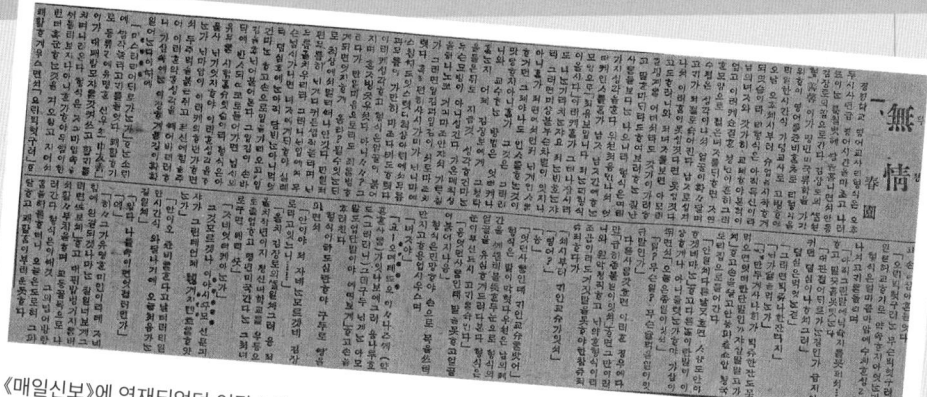

《매일신보》에 연재되었던 이광수의 소설 『무정』이에요. 무정은 순 한글로만 연재되었어요.

나라 최초의 근대 장편 소설인 이 작품은 1917년 1월 1일부터 6월 14일까지 총 126회에 걸쳐 《매일신보》에 한글로 연재되었어요. 개성 있는 인물들이 옛 시대와 새 시대의 가치관 사이에서 고민하는 모습들을 신선하고도 재미있게 담아내 큰 인기를 끌었지요.

　이광수는 1923년부터 종종 《동아일보》에 글을 쓰다 1926년에는 편집국장이 되었어요. 그러던 중에 《조선일보》에서 여성 기자를 뽑는다는 소식을 듣고 최은희를 추천했지요. 이광수는 항상 가을 시냇물처럼 맑고 깨끗하게 살라는 의미에서 최은희에게 '추계'라는 호도 지어 주었어요.

　최은희와 친한 사이였던 이광수의 부인 허영숙도 후에 기자가 되었어요. 이광수가 병으로 앓아눕게 되자 신문사 일을 도와주다 아예 기자가 되었지요. 허영숙은 1925년에는 《동아일보》의 학예부장을 맡아 우리나라 언론사의 첫 여성 부장이 되었어요. 사실 허영숙은 조선 여자로서는 처음으로 조선 총독부가 시행한 의사 시험에 합격해, 1920년에 조선 최초의 산부인과 병원인 '영혜 의원'을 연 의사였어요. 허영숙은 자신의 전문 분야를 살려 위생과 보건에 관한 기사를 많이 썼어요. 그래서 허영숙을 한국 언론 최초의 의학 전문 기자로 보는 사람들도 있어요. 허영숙의 호는 '봄의 시냇물'이라는 뜻의 '춘계'로 '가을 시냇물'이라는 최은희의 호 '추계'와 짝을 이루어요.

최은희 여기자상

최은희 여기자상은 우리나라 최초의 민간 신문 여성 기자로 활약한 최은희가 만든 상이에요. 최은희는 평생 모은 돈을 기부하여 자신의 이름을 딴 상을 제정했어요. 의미 있는 기사로 사회에 이바지하는 후배 여기자들을 격려하고 싶었거든요.

그 뜻대로 《조선일보》에서는 심사 위원을 두어 우리 사회에 보탬이 되는 기사를 쓴 여성 기자들을 가리고 수상자를 정해요. 1984년, 첫 수상자로 《서울신문》 수도권부 신동식 기자가 상을 받은 뒤 2020년 기준 37명의 수상자가 나왔어요.

글을 쓰는 최은희의 모습이에요. 최은희는 '최은희 여기자상'을 통해 여성 기자들이 우리 사회를 더 좋은 곳으로 바꾸어 나가기를 바랐어요.

수상자들은 사회, 여성, 환경, 교육, 복지 등 다양한 분야에서 취재하며 문제점들을 끈기 있게 파헤쳐서, 우리 사회가 더 좋은 방향으로 나아갈 수 있도록 노력한 기자들이에요. 이처럼 최은희 여기자상은 뛰어난 기자들이 받는 상이라 '최고의 여기자상'이 아니라 '최고의 기자상'이나 다름없다고 평가받고 있어요.

대한민국 여성 1호

우리나라는 남성 중심 사회에 남성과 여성이 평등한 사회로 나아갔어요. 바로 다양한 분야에서 '여성 1호'로 일하며 차별의 벽을 허물었던 여성들 덕분이지요. 끊임없는 도전 정신과 굽히지 않는 의지, 열정으로 똘똘 뭉친 '대한민국 여성 1호'는 누가 있을까요?

우리나라 최초의 여성 기자는 바로 1920년 《매일신보》 기자로 활동을 시작한 이각경이에요. 당시 《매일신보》는 조선 총독부에서 펴내는 유일한 한국어 신문이었는데, 《조선일보》와 《동아일보》가 창간되자 다른 신문과 차별화하기 위해 여성 기자를 뽑았어요. 이각경은 기자로서 여성들을 깨우치기 위한 계몽적인 기사를 여러 편 썼어요. 하지만 불과 1년 뒤인 1921년 말부터 기사가 실리지 않아 그 후의 활동은 알 수 없어요.

반면 최은희는 이각경보다 조금 늦은 1924년에 《조선일보》에 들어갔어요. 팔 년의 긴 시간 동안 기자로 활발히 활동했지요. 남성 기자들도 꺼리는 사회의 그늘진 곳을 마다하지 않고 취재했고, 아무도 잡지 못한 특종을 잡는 등 기자로서의 뛰어난 능력을 펼쳐 보였어요. 기자 일을 그만둔 후에는 여성들을 위한 모임을 만들어

어려운 이웃을 돕고, 전 재산을 기부하여 '최은희 여기자상'을 만들었지요. 이 때문에 많은 사람들이 민간 신문 최초의 여기자인 최은희를 우리나라 최초의 여성 기자로 꼽고 있어요.

우리나라 최초의 여성 변호사 이태영은 1946년 서른세 살의 나이에 여성으로는 최초로 서울 대학교 법학과에 들어갔어요. 그리고 6년 뒤인 1952년에 사법 고시에 합격해 변호사가 되었지요. 이태영은 한국 가정 법률 상담소를 세우고, 여성을 차별하는 사회에 맞서 평등한 사회를 만들기 위해 노력했어요.

이 밖에도 우리나라 최초의 여성 비행사인 권기옥은 독립운동가로서 용감히 일본에 맞서 싸웠고, 해방이 된 후에는 공군을 만들기 위해 노력했어요.

우리나라 최초의 여성 의사인 박에스더는 남자 의사에게 가기를 꺼려 아픔을 참고만 있었던 많은 여자 환자들을 고쳐 주었지요.

서양화가 나혜석은 외국에서 유학하며 갈고닦은 실력으로 1921년에

우리나라 최초의 여성 변호사 이태영의 사진이에요. 이태영은 평생 여성의 권리를 찾기 위해 많은 노력을 기울였어요. 또 인권 운동, 민주화 운동 등을 통해 우리나라가 민주 국가가 되는 데 이바지했지요.

한국 여성 화가 최초로 유화 개인전을 열었어요.

새로운 길을 개척해 나갔던 멋진 여성들 덕분에 지금은 군사, 예술, 스포츠 등 다양한 분야에서 여성의 활약이 두드러지고 있어요.

우리나라 최초의 서양화가 나혜석의 모습이에요.

함께 보면 쏙쏙 이해되는 역사

◆ 1917년
의정 여학교를 일 등으로 졸업함.
경성 여자 고등 보통학교에 입학함.

◆ 1919년
삼일 만세 운동에 참여했다가 유치장에 갇힘.

◆ 1904년
황해도 연백에서 태어남.

1900　　　　　　　　　**1910**

● 1900년
박에스더가 우리나라 최초의 여성 의사가 됨.

◆ 1945년경
'여학교 교장은 여자로' 운동을 펼침.
서울 보건 부인회를 세움.

◆ 1952년경
어머니날을 만듦.

1940　　　　　　　　　**1950**

● 1952년
이태영이 최초의 여성 변호사가 됨.

◆ 최은희의 생애

● 대한민국 여성 1호 탄생의 역사

◆ 1924년
《조선일보》 기자가 됨.

◆ 1926년
6·10 만세 운동을 계획하던 이들이 일본에 잡힌 것을 확인하고 특종 기사를 씀.

◆ 1927년
독립운동 단체인 근우회를 만듦.

◆ 1932년
기자 생활을 그만둠.

1920　　　　　　**1930**

● 1920년
이각경이 최초의 여성 기자가 됨.

● 1925년
권기옥이 최초의 여성 비행사가 됨.

◆ 1980년
『여성전진 70년』을 펴냄.

◆ 1983년
최은희 여기자상을 만듦.

◆ 1973년
『한국 근대 여성사』를 펴냄.

◆ 1984년
세상을 떠남.

1970　　　　　　**1980**

추천사

「새싹 인물전」을 펴내면서

요즈음 아이들에게 '훌륭한 사람'이 누구냐고 물으면 '돈 많이 버는 사람'이라고 대답한다고 합니다. 초등학생의 태반은 가수나 배우가 되고 싶어 하고요. 돈 많이 버는 사람이나 연예인이라는 직업이 나쁘다는 것이 아니라, 아이들이 각자가 갖고 있는 재능과는 상관없이 모두 똑같은 꿈을 갖는 것 같아 걱정입니다. 또 한편으로는 아이들이 진정 마음으로 닮고 싶은 사람에 대한 정보가 부족한 것은 아닌가 하는 생각도 듭니다.

어릴수록 위인 이야기의 힘은 큽니다. 아직 어리고 조그마한 아이들은 자신이 보잘것없다고 생각하고 위인들의 성공에 감탄합니다. 하지만 그네들에게는 끝없이 열린 미래가 있습니다. 신화처럼 빛나는 위인들의 모습은 아이들에게 훌륭한 역할 모델이 되고, 그런 삶을 살기 위해 무엇을 어떻게 해야 할지를 알려 주는 밝은 등대가 됩니다.

그렇다면 우리가 어른으로서 아이들에게 권해야 할 위인전은 무엇일까요? 보통 우리가 생각하는 '위인'은 훌륭한 업적을 남긴

위대한 사람, 멋지고 능력 있는 사람입니다. 하지만 시대가 변했으니 아이들이 역할 모델로 삼을 수 있는 위인의 정의나 기준도 변해야 할 것입니다.

그런 의미에서 비룡소의 「새싹 인물전」은 종래의 위인전과는 다른 점이 많습니다. 시리즈 이름이 '위인전'이 아닌 '인물전'이라는 데 주목하기 바랍니다. 「새싹 인물전」은 하늘에서 빛나는 위인을 옆자리 짝꿍의 위치로 내려놓습니다. 만화 같은 친근한 일러스트는 자칫 생소할 수 있는 옛사람들의 이야기를 일상에서 만날 수 있는 재미있는 사건처럼 보여 줍니다.

또 하나, 「새싹 인물전」에는 위인전에 단골로 등장하는 태몽이나 어린 시절의 비범한 에피소드, 위인 예정설 같은 과장이 없습니다. 사실 이런 이야기들은 현대를 사는 아이들에게는 황당하고 이해하기 힘든 일일 뿐입니다. 그보다는 천 리 길도 한 걸음부터, 큰 성공도 자잘한 일상의 인내와 성실함이 없었다면 이루어질 수 없었다는 것을 알려 주는 것이 중요합니다. 세상 사람들의 우러름을 받는 이들도 여느 아이들과 같은 시절을 겪었음을 보여 줌으로써, 아이들에게 괜한 열등감을 주지 않고 그네들의 모습을 마음속에 담을 수 있도록 해 주는 것입니다.

 덧붙여 위인전이란 그 인물이 얼마나 훌륭한 업적을 남겼는가 보여 주는 것도 중요하지만, 얼마나 참된 인간다움을 보였는가를 알려 줄 필요도 있습니다. 여기서 '인간다움'이란 기본적인 선함과 이해심, 남을 위해 봉사할 수 있는 사랑과 배려, 그리고 한 가지 목표를 설정하고 앞으로 나아갈 수 있는 의지와 용기를 말합니다. 성취라는 결과보다는 성취하기 위한 과정을 보여 주고, 사회적인 성공보다는 한 인간으로서 얼마나 자기 자신에게 철저하고 진실했는지를 보여 주는 것이 중요하다는 것입니다.

 하지만 아무리 좋은 가르침도 사랑과 따뜻함이 없으면 억누름과 상처가 될 뿐이겠지요. 「새싹 인물전」은 나의 노력과 의지에 따라 얼마든지 의미 있는 삶을 살 수 있음을 알려 줍니다. 내가 알고 있는 삶 외에도 또 다른 삶이 존재할 수 있다는 것, 꿈을 키우고 이루어 가는 과정에서 배우고 경험하게 되는 것들의 가치, 그런 따뜻함을 담고 있는 위인전입니다. 부디 이 책이 삶의 첫발을 내딛는 아이들에게 좋은 길잡이가 되었으면 하는 바람입니다.

기획 위원

박이문(전 연세대 교수, 철학)
장영희(전 서강대 교수, 영문학)
안광복(중동고 철학 교사, 철학 박사)

- 사진 제공
  66, 67, 70쪽_ 조선일보. 68, 69, 73쪽_ 위키피디아. 72쪽_ 재단법인 정일형·이태영 박사 기념 사업회.

글쓴이　김혜연

1963년 서울에서 태어났다. 한양 대학교 독어 독문학과를 졸업했다. 2004년 『작별 선물』로 안데르센 그림자상 특별상을 받았고, 2008년 『나는 뻐꾸기다』로 제15회 황금도깨비상을 받았다. 쓴 책으로 『말하는 까만 돌』, 『코끼리 아줌마의 햇살도서관』, 『나의 수호천사 나무』, 『꽃밥』, 『도망자들의 비밀』, 『우연한 빵집』, 『가족입니까』(공저) 등이 있다.

그린이　한지선

서울에서 태어나 이화 여자 대학교 동양화과를 졸업했다. 쓰고 그린 책으로 『밥 먹자!』, 『나랑 같이 놀래?』, 그린 책으로 『딱, 일곱 명만 초대합니다!』, 『내일도 야구』, 『아빠가 떴다!』, 『엉덩이가 들썩들썩』 등이 있다.

새싹 인물전　**최은희**
050

1판 1쇄 펴냄 2012년 7월 6일　1판 10쇄 펴냄 2020년 5월 22일
2판 1쇄 펴냄 2021년 5월 28일　2판 2쇄 펴냄 2022년 5월 30일

글쓴이 김혜연　그린이 한지선
펴낸이 박상희　편집장 전지선　편집 송재형　디자인 박연미, 이유림
펴낸곳 **(주)비룡소**　출판등록 1994.3.17. (제16-849호)
주소 06027 서울시 강남구 도산대로1길 62 강남출판문화센터 4층
전화 영업 02)515-2000　팩스 02)515-2007　편집 02)3443-4318, 9　홈페이지 www.bir.co.kr
제품명 어린이용 각양장 도서　제조자명 **(주)비룡소**　제조국명 대한민국　사용연령 3세 이상

ⓒ 김혜연, 한지선, 2012. Printed in Seoul, Korea

ISBN 978-89-491-2930-3 74990
ISBN 978-89-491-2880-1 (세트)

「새싹 인물전」 시리즈

001 **최무선** 김종렬 글 이경석 그림
002 **안네 프랑크** 해리엇 캐스터 글 헬레나 오웬 그림
003 **나운규** 남찬숙 글 유승하 그림
004 **마리 퀴리** 캐런 월리스 글 닉 워드 그림
005 **유일한** 임사라 글 김홍모·임소희 그림
006 **윈스턴 처칠** 해리엇 캐스터 글 린 윌리 그림
007 **김홍도** 유타루 글 김홍모 그림
008 **토머스 에디슨** 캐런 월리스 글 피터 켄트 그림
009 **강감찬** 한정기 글 이홍기 그림
010 **마하트마 간디** 에마 피시엘 글 리처드 모건 그림
011 **세종 대왕** 김선희 글 한지선 그림
012 **클레오파트라** 해리엇 캐스터 글 리처드 모건 그림
013 **김구** 김종렬 글 이경석 그림
014 **헨리 포드** 피터 켄트 글·그림
015 **장보고** 이옥수 글 원혜진 그림
016 **모차르트** 해리엇 캐스터 글 피터 켄트 그림
017 **선덕 여왕** 남찬숙 글 한지선 그림
018 **헬렌 켈러** 해리엇 캐스터 글 닉 워드 그림
019 **김정호** 김선희 글 서영아 그림
020 **로버트 스콧** 에마 피시엘 글 데이브 맥타가트 그림
021 **방정환** 유타루 글 이경석 그림
022 **나이팅게일** 에마 피시엘 글 피터 켄트 그림
023 **신사임당** 이옥수 글 변영미 그림
024 **안데르센** 에마 피시엘 글 닉 워드 그림
025 **김만덕** 공지희 글 장차현실 그림
026 **셰익스피어** 에마 피시엘 글 마틴 렘프리 그림
027 **안중근** 남찬숙 글 곽성화 그림
028 **카이사르** 에마 피시엘 글 레슬리 뷔시커 그림
029 **백남준** 공지희 글 김수박 그림
030 **파스퇴르** 캐런 월리스 글 레슬리 뷔시커 그림

031 **유관순** 유은실 글 곽성화 그림
032 **알렉산더 벨** 에마 피시엘 글 레슬리 뷔시커 그림
033 **윤봉길** 김선희 글 김홍모·임소희 그림
034 **루이 브라유** 테사 포터 글 헬레나 오웬 그림
035 **정약용** 김은미 글 홍선주 그림
036 **제임스 와트** 니컬라 백스터 글 마틴 렘프리 그림
037 **장영실** 유타루 글 이경석 그림
038 **마틴 루서 킹** 베르나 윌킨스 글 린 윌리 그림
039 **허준** 유타루 글 이홍기 그림
040 **라이트 형제** 김종렬 글 안희건 그림
041 **박에스더** 이은정 글 곽성화 그림
042 **주몽** 김종렬 글 김홍모 그림
043 **광개토 대왕** 김종렬 글 탁영호 그림
044 **박지원** 김종광 글 백보현 그림
045 **허난설헌** 김은미 글 유승하 그림
046 **링컨** 이명랑 글 오승민 그림
047 **정주영** 남경완 글 임소희 그림
048 **이호왕** 이영서 글 김홍모 그림
049 **어밀리아 에어하트** 조경숙 글 원혜진 그림
050 **최은희** 김혜연 글 한지선 그림
051 **주시경** 이은정 글 김혜리 그림
052 **이태영** 공지희 글 민은정 그림
053 **이순신** 김종렬 글 백보현 그림
054 **오드리 헵번** 이은정 글 정진희 그림
055 **제인 구달** 유은실 글 서영아 그림
056 **가브리엘 샤넬** 김선희 글 민은정 그림
057 **장 앙리 파브르** 유타루 글 하민석 그림
058 **정조 대왕** 김종렬 글 민은정 그림
059 **나폴레옹 보나파르트** 남찬숙 글 남궁선하 그림
060 **이종욱** 이은정 글 우지현 그림

061 **박완서** 유은실 글 이윤희 그림
062 **장기려** 유타루 글 정문주 그림
063 **김대건** 전현정 글 홍선주 그림
064 **권기옥** 강정연 글 오영은 그림
065 **왕가리 마타이** 남찬숙 글 윤정미 그림
066 **전형필** 김혜연 글 한지선 그림

* 계속 출간됩니다.